COLOR TEST PAGE

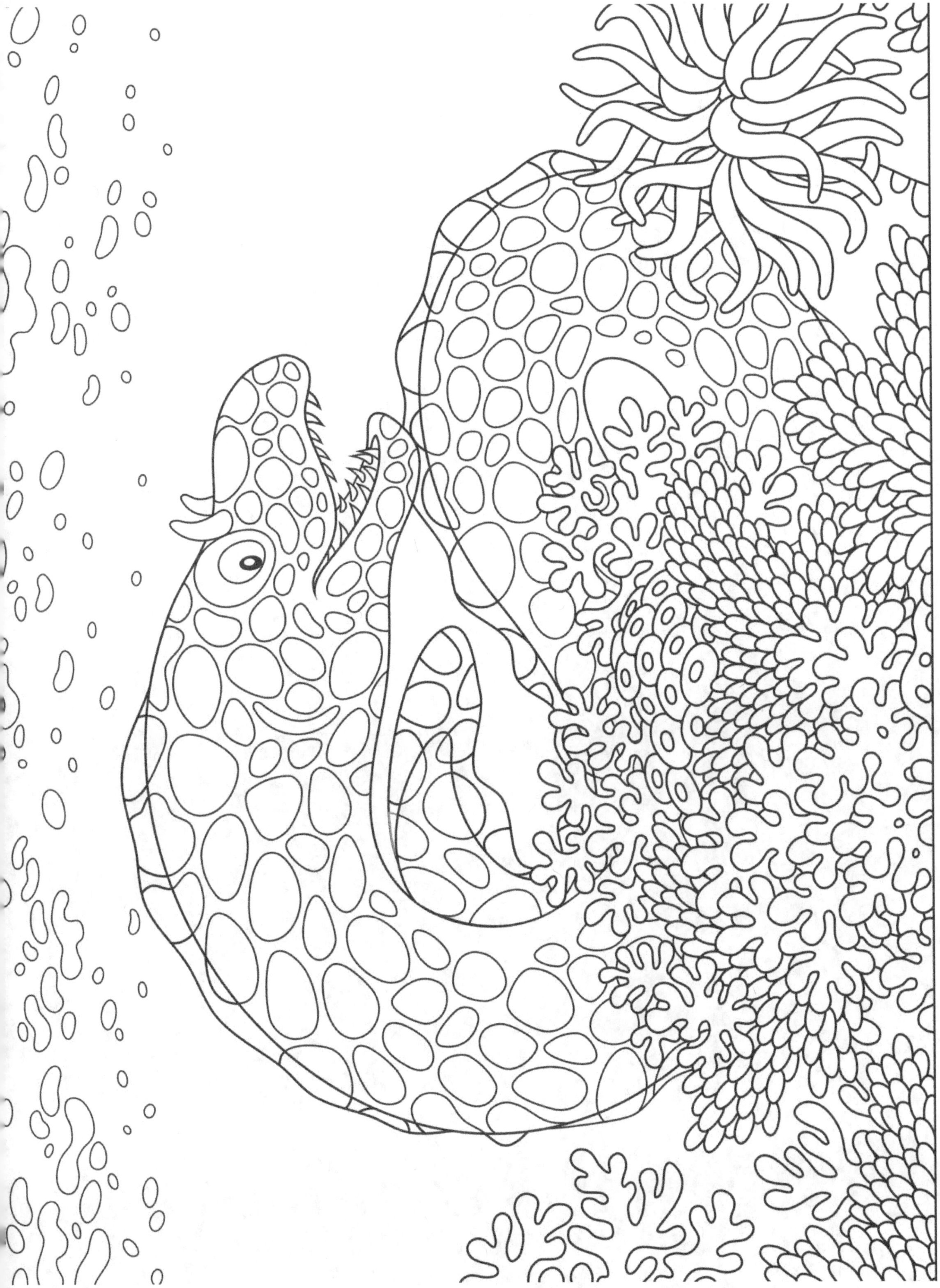

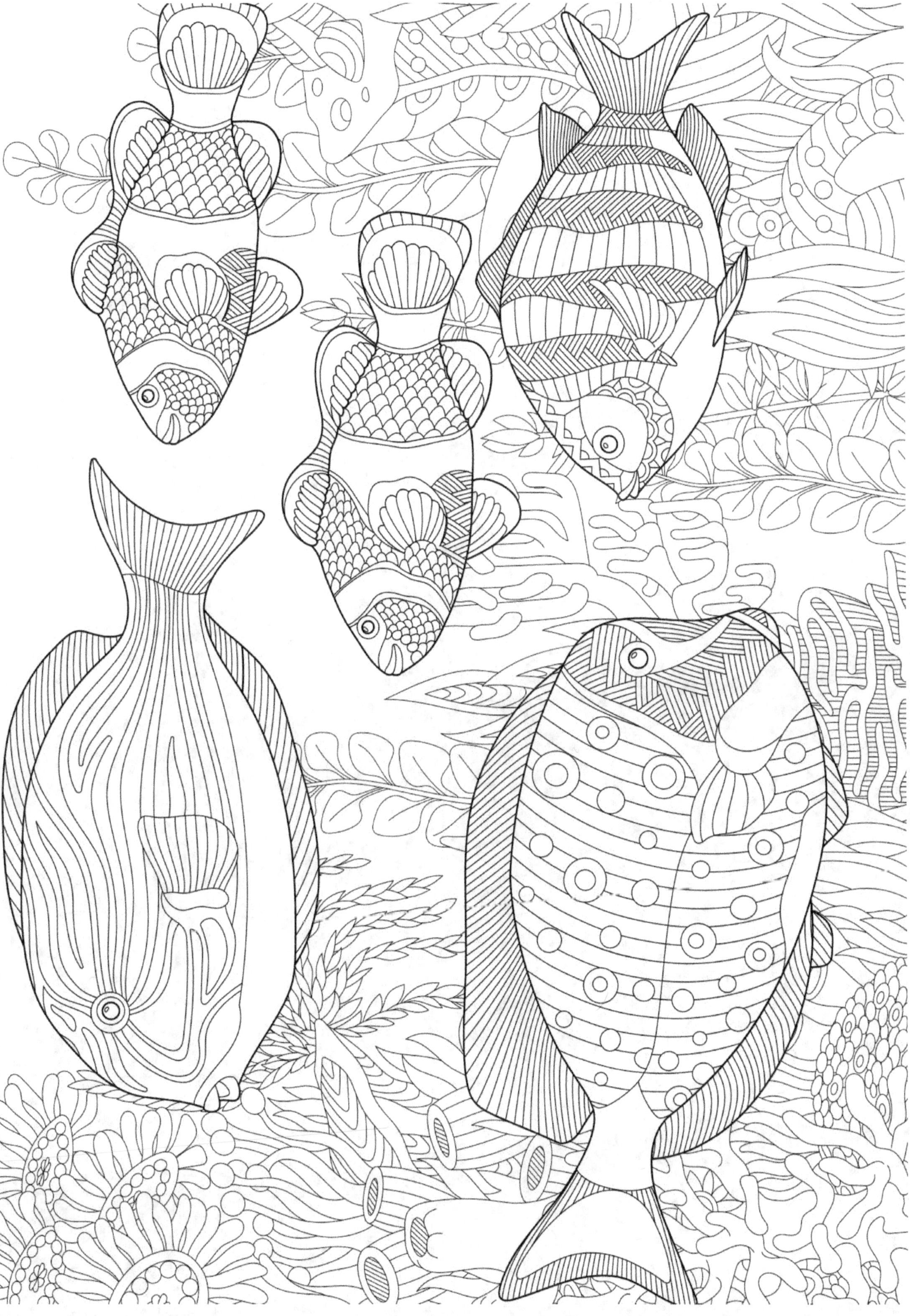

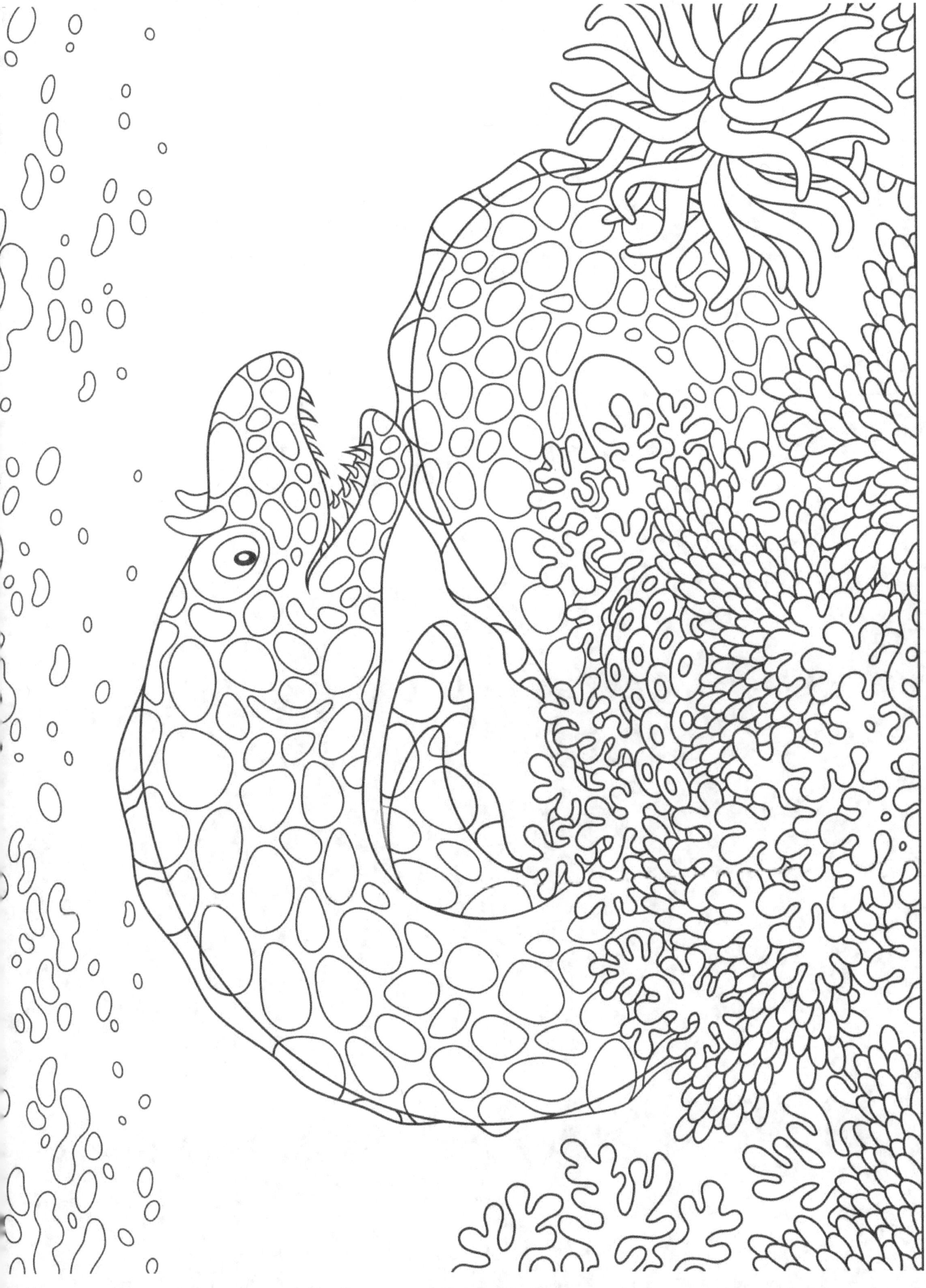

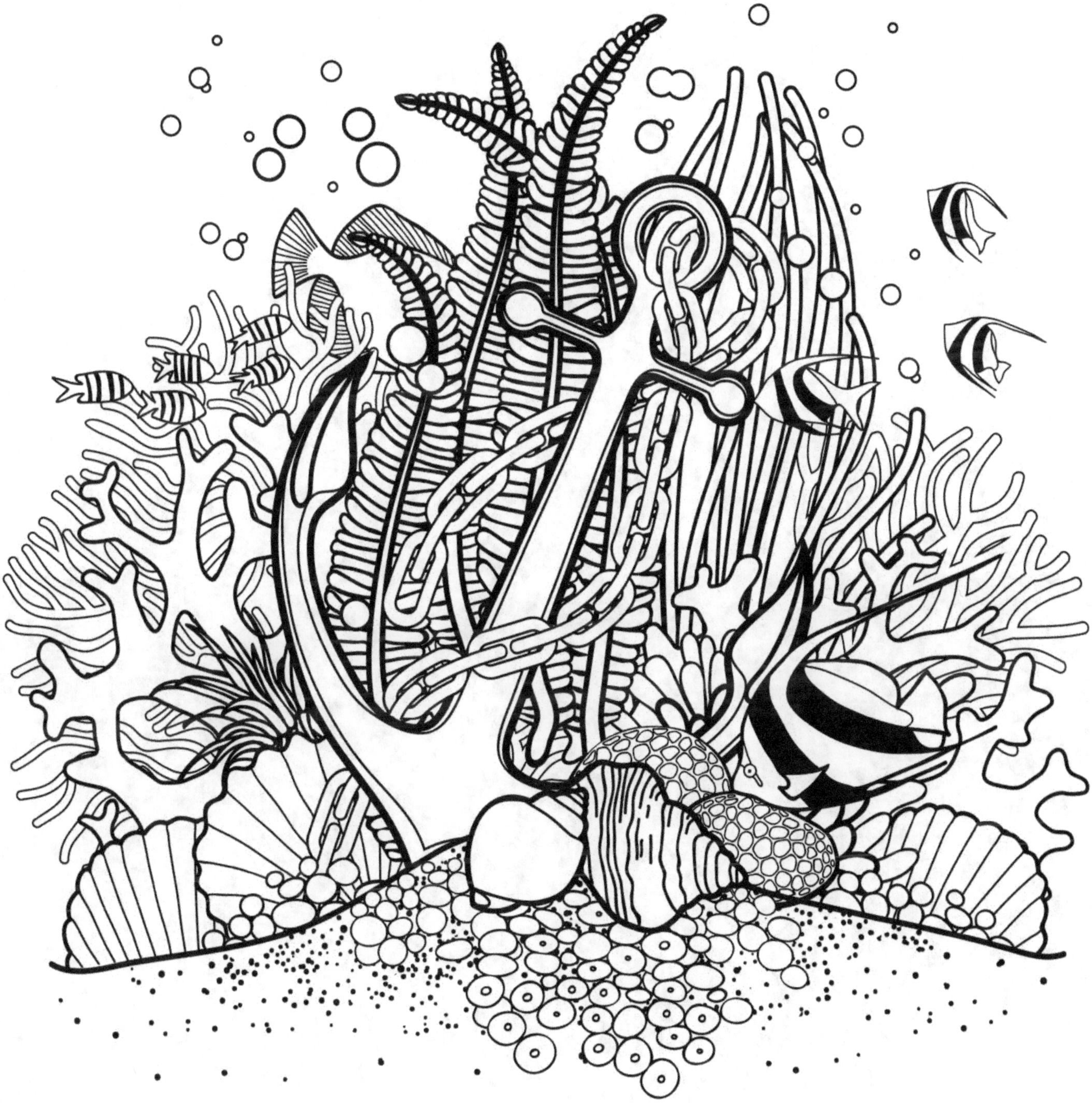

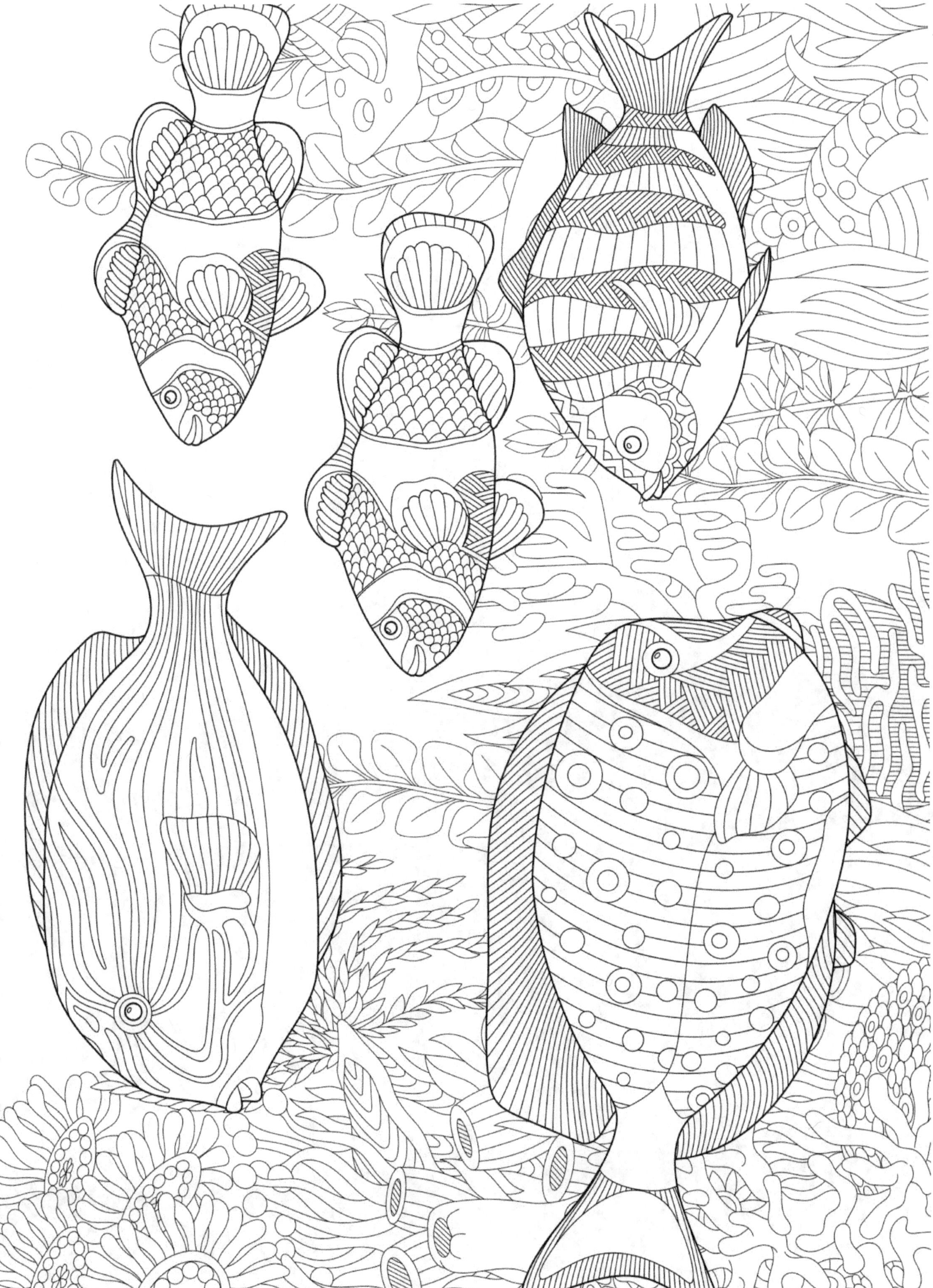

www.ingramcontent.com/pod-product-compliance
Lightning Source LLC
Chambersburg PA
CBHW082148230526
45467CB00043B/2406
* 9 7 8 1 7 1 7 1 1 8 9 9 8 *